그림으로
생각하는
**인생
디자인**

그림으로 생각하는 인생 디자인

초판 1쇄 발행 2020년 7월 17일

지 은 이	김현곤
발 행 인	권선복
편 집	권보송
디 자 인	최새롬
전 자 책	서보미
발 행 처	도서출판 행복에너지
출판등록	제315-2011-000035호
주 소	(157-010) 서울특별시 강서구 화곡로 232
전 화	0505-613-6133
팩 스	0303-0799-1560
홈페이지	www.happybook.or.kr
이 메 일	ksbdata@daum.net

값 13,000원
ISBN 979-11-5602-820-8 13190

Copyright ⓒ 김현곤, 2020

* 이 책은 저작권법에 따라 보호받는 저작물이므로 무단전재와 무단복제를 금지하며, 이 책의 내용을 전부 또는 일부를 이용하시려면 반드시 저작권자와 〈도서출판 행복에너지〉의 서면 동의를 받아야 합니다.

도서출판 행복에너지는 독자 여러분의 아이디어와 원고 투고를 기다립니다. 책으로 만들기를 원하는 콘텐츠가 있으신 분은 이메일이나 홈페이지를 통해 간단한 기획서와 기획의도, 연락처 등을 보내주십시오. 행복에너지의 문은 언제나 활짝 열려 있습니다.

나를 찾아가는 마법의 종이 한 장!

그림으로
생각하는
인생
디자인

김현곤 지음

프롤로그

AI와 고령화시대의 나를 찾아서

"나는 어떤 사람인가?"
"앞으로 무슨 일을 하며 살아갈까?"

변화와 불확실성의 시대, AI와 고령화시대를 맞이해서 누구나 갖게 되는 두 가지 질문이다. 모두가 똑같은 질문을 던지고 있지만 아무도 선뜻 답하기는 어렵다.

이 책 『그림으로 생각하는 인생 디자인』은 이 두 개의 질문에 대해 필자가 생각해온 솔루션들을 정리한 것이다. 그것도 그림으로 답을 제시한 책이다. '백 마디 말보다 한 장의 그림'이란 철학에 기초해서, 21세기형 미래준비와 미래전략을 제시한 비주얼 가이드다.

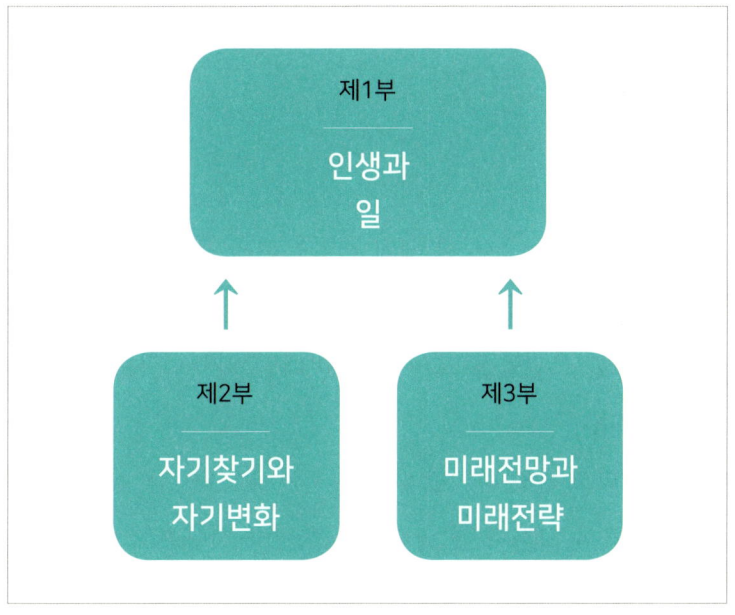

　책은 크게 세 부분으로 구성되어 있다. 제1부는 인생과 일이다. AI와 고령화시대의 인생과 일에 관해 그림으로 안내하고 있다. 제2부는 자기찾기와 자기변화다. 자기 인생의 해답은 결국 자기알기와 자기변화에서 시작된다는 진리를 그림으로 재정리했다. 마지막 제3부는 미래전망과 미래전략이다. 세상이 어떻게 변할지를 그림으로 요약해서 보여주고 어떻게 대응하면 좋을지도 그림으로 제시했다.

피카소는 생전에 2만 점이 넘는 그림을 그렸다고 한다. 피카소의 그림들은 지금도 전 세계 사람들에게 사랑을 받고 있다. 피카소가 그린 대작과 같은 수준은 아니지만, 필자도 지난 20여 년간 특별한 그림들을 그려왔다. 미래만들기 그림들(Pictures for Futuring)이다.

그림이라고 하긴 하지만 단순하기 짝이 없다. 점, 선, 화살표, 세모, 네모, 동그라미 등 단순한 도형만을 사용한 그림들이다. 그림 자체는 단순하기 짝이 없지만, 그림의 쓰임새는 특별한 가치가 있다고 믿는다. 한 치 앞을 내다보기 힘든 변화와 불확실성의 시대를 맞아 자기찾기와 자기변화를 통해 우리들 자신의 인생과 일에 관한 해답을 찾아가는 데 좋은 길잡이 역할을 하는 그림이 될 것으로 믿는다.

이 책의 그림들을 보면서, 독자들이 자신의 더 나은 인생과 더

멋진 미래를 디자인하는 힌트와 통찰력을 발견하길 진심으로 바란다.

2020년 초여름을 맞으며
저자 김현곤

<차례>

프롤로그　AI와 고령화시대의 나를 찾아서 ……………… 004

제1부
인생과 일

제1장　인생

01　라이프는 라이브다 ……………………………… 018
02　음식의 맛 vs 인생의 질 ………………………… 020
03　20세기 인생 모델 vs 21세기 인생 모델 ……… 022
04　시간은 생명이다 ………………………………… 024
05　내일은 오늘 만들어진다 ………………………… 026
06　꿈을 이루는 4단계 실천법 ……………………… 028
07　인생은 하루하루의 집합이다 …………………… 030
08　인생 비타민 C …………………………………… 032

09	나무와 뿌리, 나와 가족	034
10	인생 후반전의 길이 변화	036
11	인생에 관한 천동설과 지동설	038
12	오래된 것에 담긴 두 가지 의미	040
13	늙어감 vs 나이 듦	042
14	인생1막 소득곡선 vs 인생2막 소득곡선	044

제2장 일

01	일은 인생의 뼈대다	048
02	내 일과 내일	050
03	내가 하는 일의 수혜자는 누구?	052
04	매슬로우의 욕구단계설 vs 일의 욕구단계설	054
05	일 vs 라이프워크	056
06	바람직한 라이프워크란?	058
07	길, 기회, 일의 닮은 점	060
08	일과 노동에 관한 관점의 변화 전망	062
09	내 일에 관한 현상질문 vs 본질질문	064
10	일과 직업 선택의 3원칙	066
11	나의 천직 찾는 방법1: 아리스토텔레스 모델	068
12	나의 천직 찾는 방법2: 프로세스 모델	070
13	전공과 직업의 새로운 관계	072

제2부

자기찾기와 자기변화

제3장 자기찾기

01 '너 자신을 알라'를 실천하는 4개의 질문 ········ 078
02 나를 찾아가는 마법의 종이 한 장 ··············· 080
03 나의 미래를 아는 정말 쉬운 방법 ··············· 082
04 인생은 습관이다 ································ 084
05 습관과 아리스토텔레스 ·························· 086
06 1년 달력 vs 100년 인생달력 ···················· 088
07 세상과 전쟁과 미래 ····························· 090
08 미래를 만드는 3대 방정식 ······················· 092
09 인간=신체+정신 ································ 094
10 목욕 vs 삼림욕 ································· 096
11 나를 늙게 만드는 마음 vs 젊게 만드는 마음 ······· 098
12 시간, 공간, 인간의 공통점: 사이 간(間) ·········· 100

제4장 자기변화

01 미래는 변화다 ·································· 104
02 세상에서 가장 중요한 변화는? ··················· 106
03 두 가지 교육 ··································· 108
04 현재의 두 얼굴 ································· 110

05	나의 미래와 석가모니	112
06	시간관리는 목표의 함수다	114
07	기회는 포커싱에 비례한다	116
08	집중해서 시간투자해야 하는 이유	118
09	하루 중 숨어있는 시간, 새벽	120
10	누구나 가진 두 개의 자산	122
11	나무와 뿌리, 성장과 기초	124
12	재(財)테크 vs 재(才)테크	126
13	질문으로 얻는 두 마리 토끼	128

제3부

미래전망과 미래전략

제5장 패러다임 변화

01	기능의 가능성 vs 감성의 가능성	134
02	설득과 감동을 위한 아리스토텔레스 교훈	136
03	분모전략에서 분자전략으로의 패러다임 전환	138
04	원가절감의 시대에서 가치제고의 시대로	140
05	모든 비즈니스는 서비스다	142
06	여성의 시대가 오는 두 가지 이유	144

07 인간에 의한 노동과 기계에 의한 노동의 비중 변화 ········ 146
08 시대변화와 권위의 이동 ································· 148
09 질문과 사색의 르네상스 ································ 150
10 AI혁명보다 고령화혁명이 더 중요하다 ················ 152
11 21세기의 새로운 과학, 인간과학 ······················ 154
12 인간에 관한 각각의 과학을 넘어 ······················ 156
13 과거-현재-미래의 새로운 관계 ························ 158

제6장 미래전망

01 인간지능 vs 인공지능 ································· 162
02 AI시대의 새로운 경제사회활동 모델 ·················· 164
03 AI와 고령화 시대의 새로운 사회적 자원 ·············· 166
04 AI와 고령화 시대의 2대 공공서비스 ·················· 168
05 미래는 고령자 자립사회 ······························· 170
06 21세기 성공의 크기는? ································ 172
07 모든 성공하는 것들의 3요소 ·························· 174
08 미래를 만드는 세 개의 뇌 ····························· 176
09 표현의 역사 ·· 178
10 아시아의 시대가 오는 증거 ···························· 180
11 서양의 이웃사촌 vs 동양의 이웃사촌 ················· 182
12 원인과 결과의 무한 연쇄작용 ·························· 184
13 역사란? ··· 186

제7장　미래전략

01　미루면 일만 커진다 ················· 190
02　연장사고 vs 원점사고 ················ 192
03　새로움과 오래됨의 융합 ·············· 194
04　대립과 협력 ························ 196
05　선택하는 두 가지 방법 ··············· 198
06　양자택일과 제3의 길 ················ 200
07　문제에 답이 있다 ··················· 202
08　출구는 입구다 ······················ 204
09　시작은 반 이상이다 ················· 206
10　보이는 세계 vs 보이지 않는 세계 ······ 208
11　BMW와 두 개의 부(富) ··············· 210
12　명사형 미래와 동사형 미래 ··········· 212
13　이야기의 힘이 놀라운 간단한 이유 ····· 214

에필로그　그림으로 생각하는 인생디자인 미래디자인 · 216
출간후기 ·· 218

제1부

인생과 일

제1장

인생

|
라이프는 라이브다

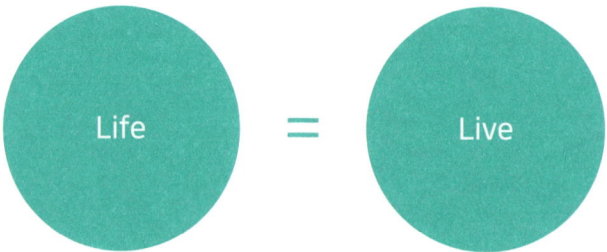

라이프는 매순간 언제나 라이브다.

2
음식의 맛 vs 인생의 질

음식은 '요리'하기에 따라서 '맛'이 달라지고
사람은 '생각'하기에 따라서 '인생'이 달라진다.

3
20세기 인생 모델 vs 21세기 인생 모델

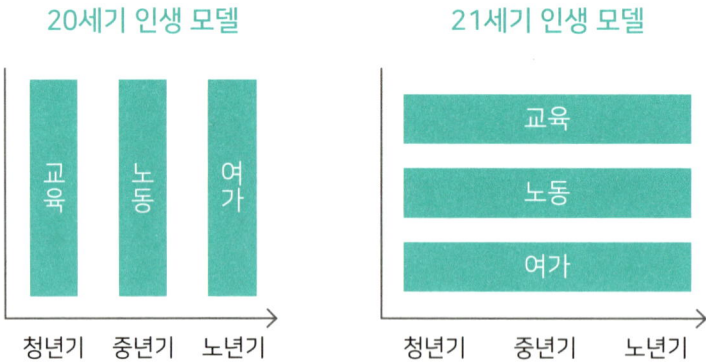

20세기 인생 모델은 세로모델
21세기 인생 모델은 가로모델

4
시간은 생명이다

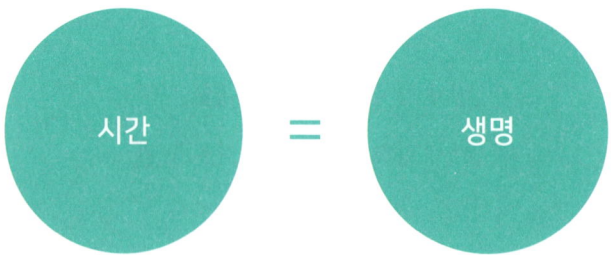

누구에게나 매일 24시간이 공짜로 주어진다.
단, 우리 각자의 생명을 담보로

5
내일은 오늘 만들어진다

> 내일은
> 오늘
> 만들어진다
>
> - 티모시 맥, 미래학자 -

내일은 오늘 만들어진다.

6
꿈을 이루는 4단계 실천법

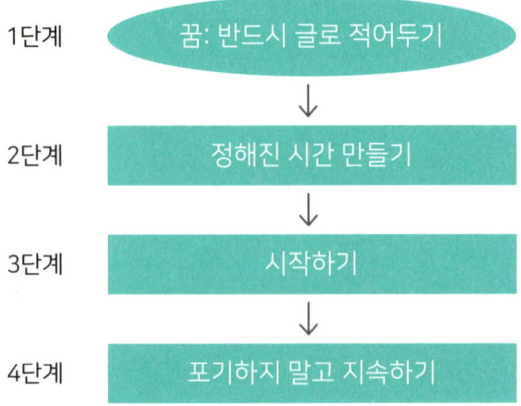

뭔가를 이루고 싶은가?
꿈을 적고, 정해진 시간을 만들고,
시작하고, 포기하지 말고 지속하라.

1
인생은 하루하루의 집합이다

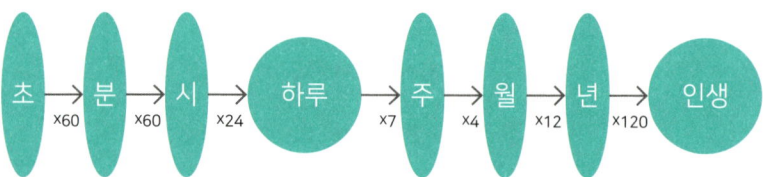

인생 = Σ하루하루

8

인생 비타민 C

비타민 C가 건강에 좋듯이
인생 비타민 C는 인생에 이롭다.

9
나무와 뿌리, 나와 가족

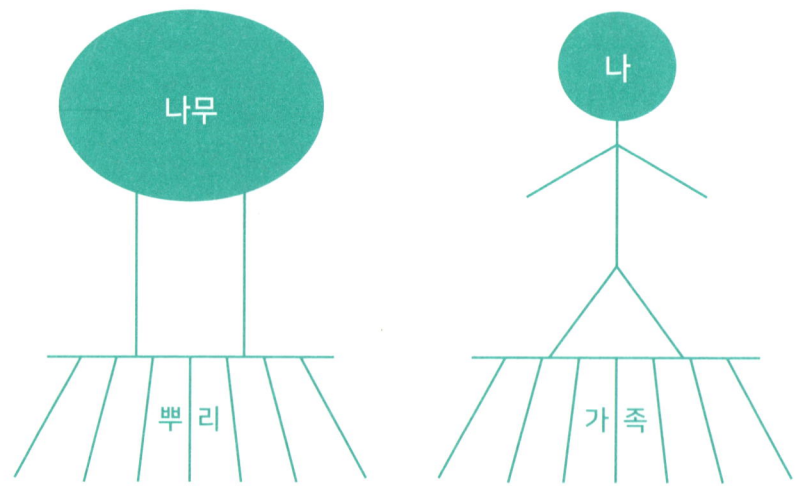

나무와 뿌리의 관계는
나와 가족의 관계와 같다.

10 인생 후반전의 길이 변화

1960년대: 평균수명 60세 시대,
　　　　　인생 후반전은 10~20년에 불과
2020년대: 평균수명 120세 시대,
　　　　　인생 후반전은 60~70년으로 폭증

11
인생에 관한 천동설과 지동설

인생에 관한 천동설

나이 듦에 관한 낡은 믿음

1. 나이 듦에 관한 부정적 인식
2. 나이 들면 쓸모없다
3. 나이 들면 몸도 마음도 늙는다
4. 나이 들면 은퇴해야 한다

인생에 관한 지동설

나이 듦에 관한 새로운 믿음

1. 나이 듦에 관한 긍정적 인식
2. 나이 들어도 쓸모가 많다
3. 몸은 늙어도 마음은 젊을 수도
4. 나이 들어도 평생현역 가능

인생에 관한 천동설: 나이 듦에 관한 낡은 믿음, 부정적 인식
인생에 관한 지동설: 나이 듦에 관한 새로운 믿음, 긍정적 인식

12
오래된 것에 담긴 두 가지 의미

오래된 것에는 두 가지 의미가 있다:
낡은 것 또는 오래가는 것

13
늙어감 vs 나이 듦

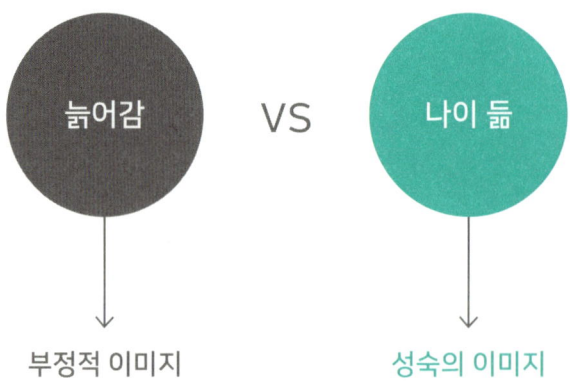

늙어감인가? 나이 듦인가?
내가 선택할 수 있는 것!

14
인생1막 소득곡선 vs 인생2막 소득곡선

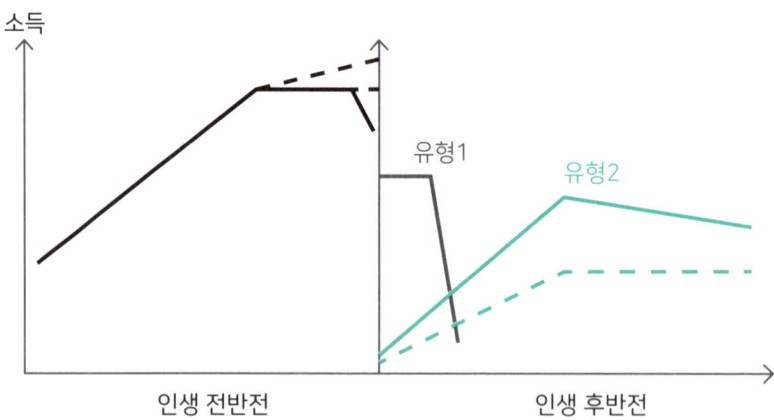

인생2막 소득곡선: 굵고 짧게? vs 가늘고 길게?
→ 가늘고 길되 갈수록 상행하는 소득곡선이 바람직

제2장

일

일은 인생의 뼈대다

	학습	
	여가	
일	관계	일
	가족	
	소득	
	건강	

건강은 인생이라는 건축물의 토대
일은 인생이라는 건축물의 뼈대

2
내 일과 내일

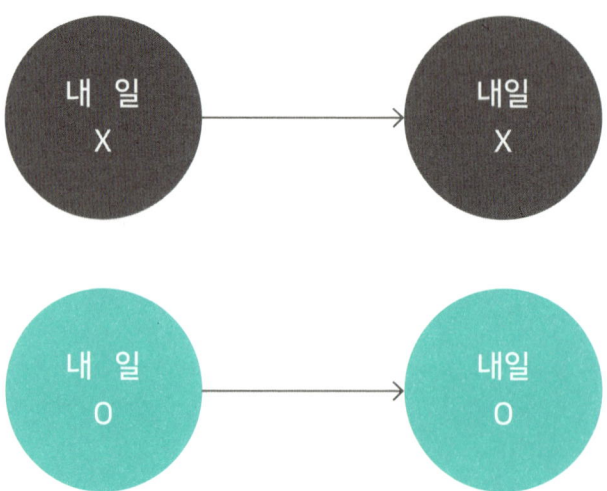

내 일이 없으면 내일이 없다.
내 일이 있어야 내일이 있다.

3
내가 하는 일의 수혜자는 누구?

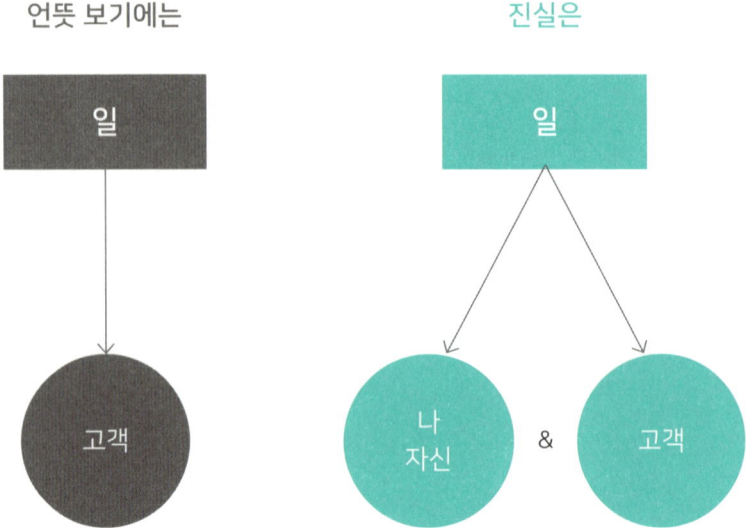

내가 하는 일의 수혜자는
고객뿐만 아니라 나 자신도 포함된다.

4
매슬로우의 욕구단계설 vs 일의 욕구단계설

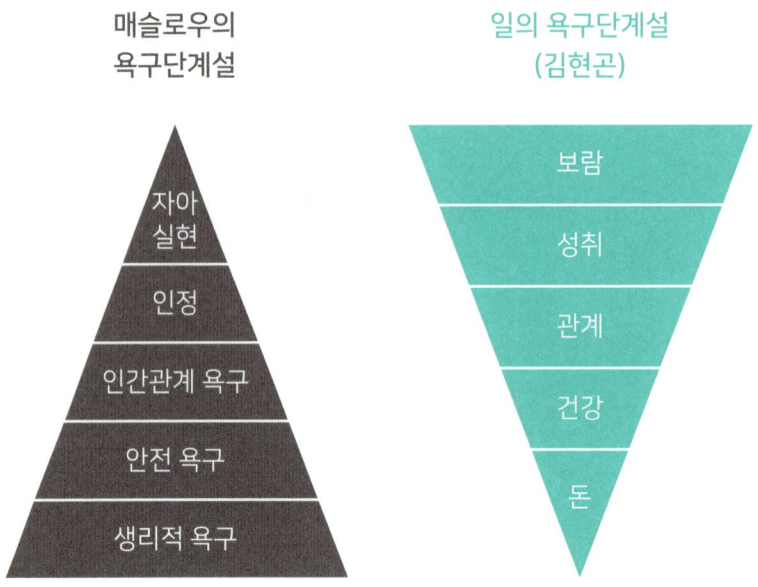

욕구단계설: 생존 → 안전 → 인간관계 → 인정 → 자아실현
일의 욕구단계설: 돈 → 건강 → 인간관계 → 성취 → 보람

5
일 vs 라이프워크

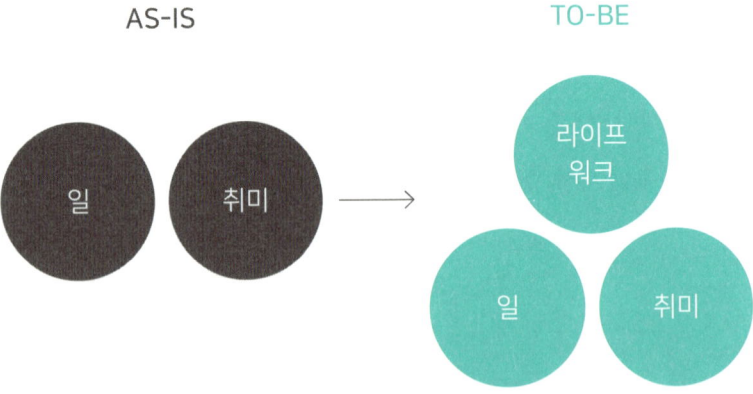

일(Work)과 취미에 더해서
내 인생의 일(Life Work)을 가져라.

6
바람직한 라이프워크란?

바람직한 라이프워크의 조건: 생업 ∩ 전문직 ∩ 천직

1
길, 기회, 일의 닮은 점

> 길이 없으면
> 길을 만들라.
>
> 기회가 없으면
> 기회를 만들라.
>
> 일이 없으면
> 일을 만들라.

길, 기회, 일의 닮은 점: 없으면 만들면 된다.

8 일과 노동에 관한 관점의 변화 전망

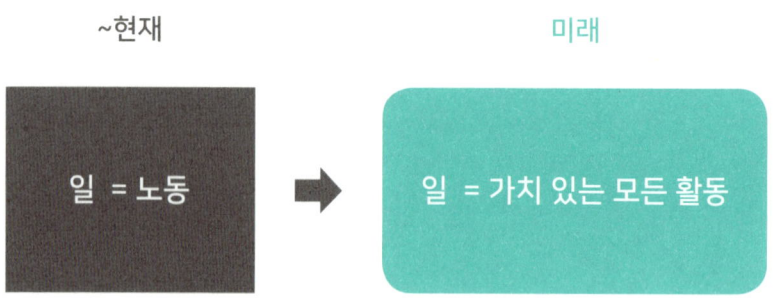

지금까지 일은 직장, 직업, 노동 등을 의미했지만,
미래에 일은 모든 가치 있는 활동을 포함하게 될 것이다.

9
내 일에 관한 현상질문 vs 본질질문

현상질문
예1: 나는 어떤 일을 할까?
예2: 무슨 일을 하며 돈을 벌까?

VS

본질질문
예1: 내 인생의 천직은 뭘까?
예2: 무슨 일을 해야 뿌듯할까?

현상보다 본질을 묻는 질문이 더 좋은 질문이다.
일에 대해서도 마찬가지다.

10 일과 직업 선택의 3원칙

일과 직업 선택의 3원칙: 관심×재능×수요
→ 좋아하는 일 & 잘하는 일 & 수입이 있는 일

11 나의 천직 찾는 방법 1: 아리스토텔레스 모델

```
            나의
            재능

  ─────┼─────┼─────
       │ 나의 │ 세상의
       │ 천직 │ 필요
  ─────┼─────┼─────
```

나의 재능과 세상의 필요가 만나는 곳에
나의 천직이 있다.

12
나의 천직 찾는 방법 2: 프로세스 모델

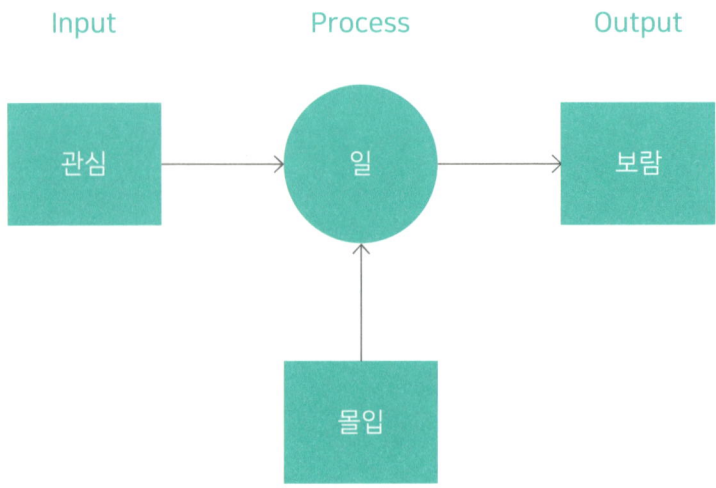

나의 천직을 찾기 위한 3가지 질문:
질문1: 내가 가장 좋아하고 관심 있어 하는 일은 무엇인가?
질문2: 내가 가장 몰입하는 일은 무엇인가?
질문3: 내가 가장 보람을 느끼는 일은 무엇인가?

13
전공과 직업의 새로운 관계

신문방송학을 전공해야만
기자가 될 수 있는 것은 아니다.

오히려 자연과학을 전공하고
기자가 된다면
실력 있는 과학전문기자로
성장할 가능성이 더 클 것이다.

다른 모든 전공과 직업의 관계에도
마찬가지로 적용될 수 있다.

- 김난도, <아프니까 청춘이다> 수정 작성 -

제2부

자기찾기와 자기변화

제3장

자기찾기

'너 자신을 알라'를 실천하는 4개의 질문

나 자신을 알고 싶은가? 장점, 행복, 습관, 꿈에 관해 질문하고 답해라. 나도 모르던 나 자신을 발견하게 될 것이다.

2. 나를 찾아가는 마법의 종이 한 장

(앞면) 성명 _____

나의 장점
1 _____
2 _____
3 _____
4 _____
5 _____
6 _____
7 _____
8 _____
9 _____
10 _____
11 _____
12 _____
13 _____
14 _____
15 _____
16 _____
17 _____
18 _____
19 _____
20 _____
21 _____
22 _____
23 _____
24 _____
25 _____

내가 행복할 때
1 _____
2 _____
3 _____
4 _____
5 _____
6 _____
7 _____
8 _____
9 _____
10 _____
11 _____
12 _____
13 _____
14 _____
15 _____
16 _____
17 _____
18 _____
19 _____
20 _____
21 _____
22 _____
23 _____
24 _____
25 _____

(뒷면) 성명 _____

나의 좋은 습관
1 _____
2 _____
3 _____
4 _____
5 _____
6 _____
7 _____
8 _____
9 _____
10 _____
11 _____
12 _____
13 _____
14 _____
15 _____
16 _____
17 _____
18 _____
19 _____
20 _____
21 _____
22 _____
23 _____
24 _____
25 _____

내가 하고 싶은 것
1 _____
2 _____
3 _____
4 _____
5 _____
6 _____
7 _____
8 _____
9 _____
10 _____
11 _____
12 _____
13 _____
14 _____
15 _____
16 _____
17 _____
18 _____
19 _____
20 _____
21 _____
22 _____
23 _____
24 _____
25 _____

'나'라는 제품을 설명하는 100개의 안내문이 들어 있는
마법의 종이 한 장을 만들어 보자.

3
나의 미래를 아는 정말 쉬운 방법

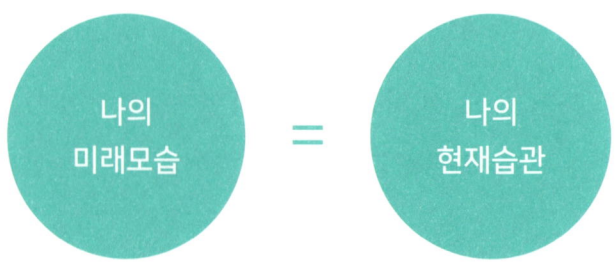

나의 미래모습은 나의 현재습관의 누적이다.

4
인생은 습관이다

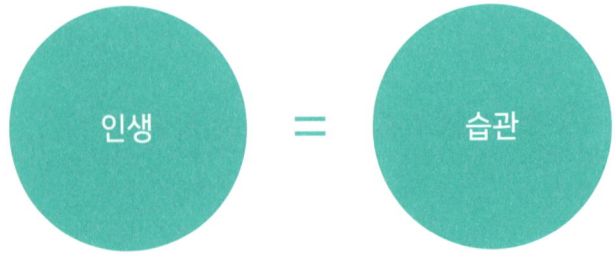

인생은 습관이다.
운명도 습관이다.

5
습관과 아리스토텔레스

습관은

모든 위대한 사람들의 하인이고
모든 실패한 사람들의 주인입니다.

위대한 사람들도 사실
습관이 위대하게 만들었고

실패한 사람들도 사실
습관이 실패하게 만들었습니다.

- 아리스토텔레스 -

6
1년 달력 vs 100년 인생달력

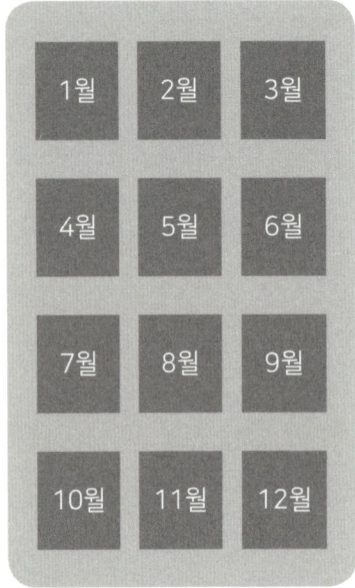

올해의 달력도 중요하지만,
더 중요한 나만의 백년 달력을 만들어보자.

1
세상과 전쟁과 미래

> 세상은
> 보이지 않는 전쟁터다.
>
> 전쟁에서 이겼느냐 졌느냐보다
> 전쟁이 끝난 뒤에 무엇을 했느냐에 따라
> 나의 미래, 나라의 장래는 결정된다.
>
> -시오노 나나미, <로마인 이야기 2권> 수정, 재작성-

8
미래를 만드는 3대 방정식

제1방정식(믿음방정식):　　미래 = Σ가능성

제2방정식(행동방정식):　　미래 = Σ습관

제3방정식(실현방정식):　　미래 = Σ가능성 × Σ습관
　　　　　　　　　　　　　　　 = 　기회　×　준비

믿음방정식: 미래는 가능성의 집합이다.
행동방정식: 미래는 습관의 집합이다.
실현방정식: 미래는 가능성과 습관, 기회와 준비의 만남이다.

9

인간=신체+정신

인간 = 신체 + 정신

인간에 관한 가장 기본적인 진리:
인간=신체+정신

10
목욕 vs 삼림욕

목욕: 물로 몸 씻기 vs 삼림욕: 자연으로 몸과 마음 씻기

11
나를 늙게 만드는 마음 vs 젊게 만드는 마음

나를 늙게 만드는 마음: 근심, 욕심, 의심
나를 젊게 만드는 마음: 동심, 호기심, 관심

12
시간, 공간, 인간의 공통점: 사이 간^間

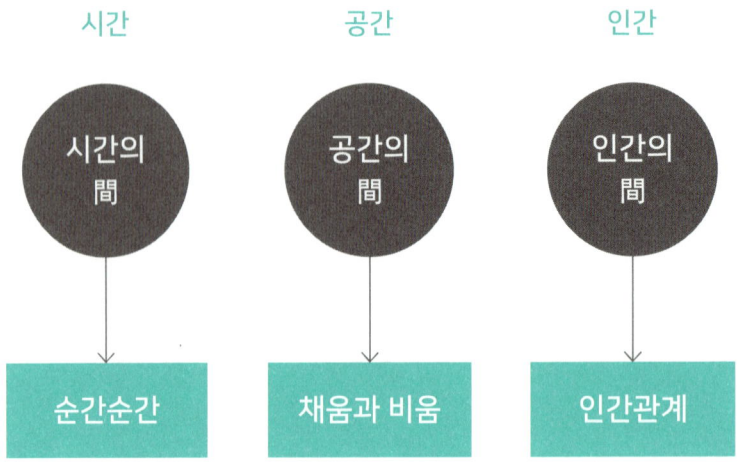

시간, 공간, 인간의 공통점, 사이 間의 의미:
시간-순간순간, 공간-채움과 비움, 인간-인간관계

제4장

자기변화

미래는 변화다

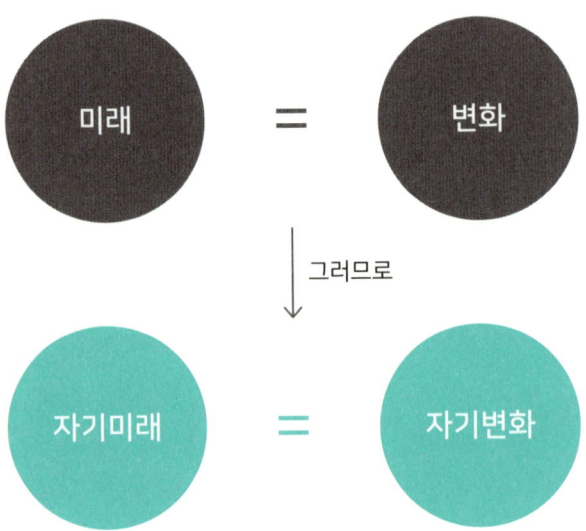

미래는 변화다.
그러므로, 자기미래는 자기변화에 달렸다.

2
세상에서 가장 중요한 변화는?

[기술 변화]　[사회 변화]　[환경 변화]　…　[**자기 변화**]

세상에서 가장 중요한 변화는
자기변화다.

3
두 가지 교육

> 사람은 누구나
> 두 가지 교육을 받는다.
>
> 하나는
> 타인으로부터 받는 교육이고
> 나머지 하나는
> 자기 스스로 배우는 것으로
> 이것이 훨씬 중요하다.
>
> -에드워드 기번, <로마제국 쇠망사> 저자-

4
현재의 두 얼굴

현재는
과거의 결과이자 미래의 원인이다.

5
나의 미래와 석가모니

너의 과거를 알고 싶으면
현재의 너를 보라.

현재는
과거의 결과이기 때문이다.

너의 미래를 알고 싶으면
현재의 너를 보라.

현재가
미래의 원인이기 때문이다.

-석가모니-

6
시간관리는 목표의 함수다

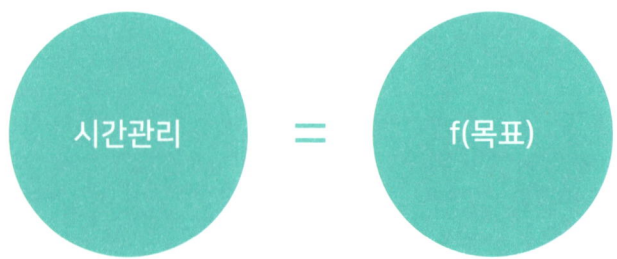

시간관리의 시작은
마감기한이 있는 목표를 정하는 것이다.

1
기회는 포커싱에 비례한다

미래에 나에게 찾아오는 기회는
현재 내가 얼마나 집중하고 있는가에 비례한다.

8
집중해서 시간투자해야 하는 이유

100년과 같은 10년 vs 1년과 같은 10년,
그 차이를 만드는 제1원인은 집중 여부에 있다.

9
하루 중 숨어있는 시간, 새벽

| 새벽 | 오전 | 오후 | 저녁 | 밤 |

하루의 시간 중에서
새벽은 의식적으로 찾지 않으면 보이지 않는 시간이다.

10
누구나 가진 두 개의 자산

시간: 누구에게나 똑같이 하루 24시간이 주어진다.
정신: 누구나 똑같이 자기 정신의 주인이다.

11
나무와 뿌리, 성장과 기초

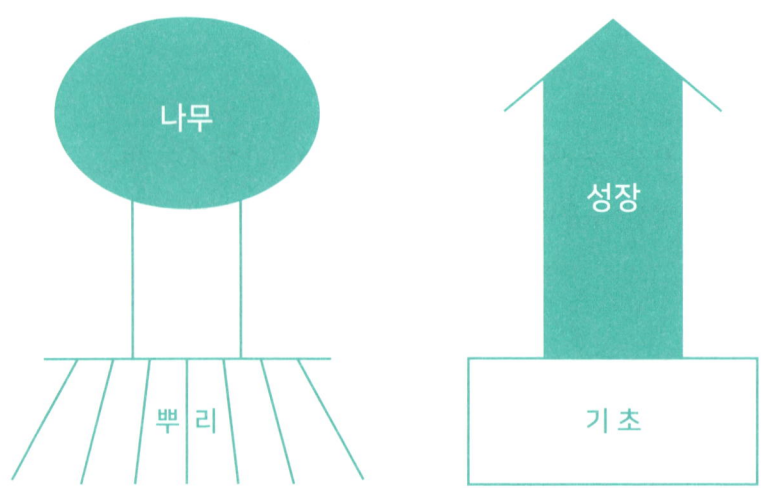

나무에 뿌리가 필요하듯,
성장하는 모든 것에는 기초가 필요하다.

12
재財테크 vs 재才테크

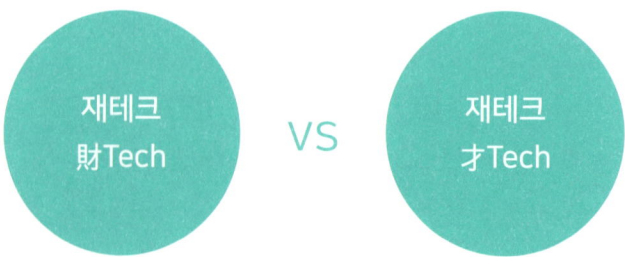

財테크도 중요하지만
才테크는 더 중요하다.

13
질문으로 얻는 두 마리 토끼

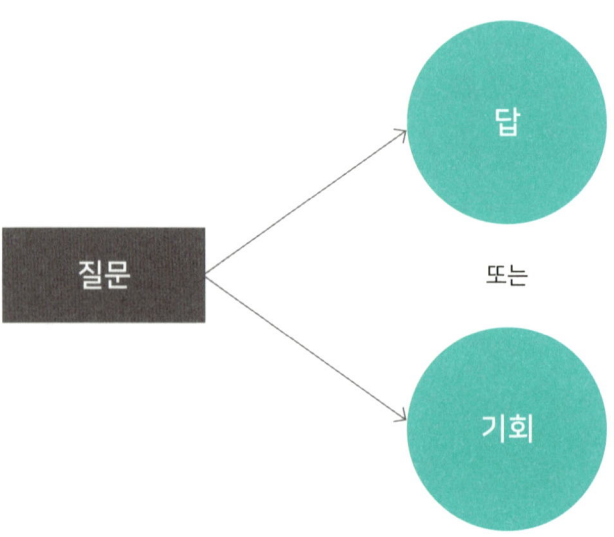

두드려라! 그러면 열릴 것이다.
질문하라! 그러면 답과 기회를 얻을 것이다.

제3부

미래전망과 미래전략

제5장

패러다임 변화

기능의 가능성 vs 감성의 가능성

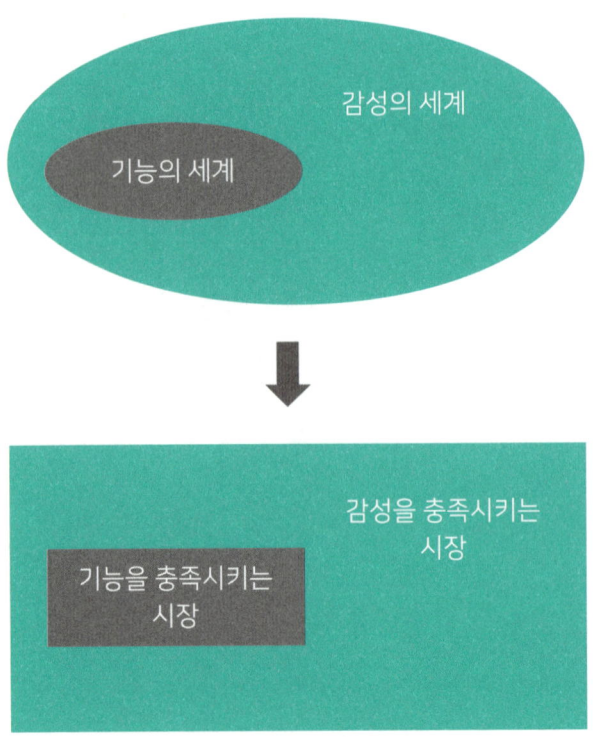

기능의 세계보다 감성의 세계가 훨씬 크다.
그러므로, 기능을 충족시키는 시장보다
감성 시장이 훨씬 크다.

2
설득과 감동을 위한 아리스토텔레스 교훈

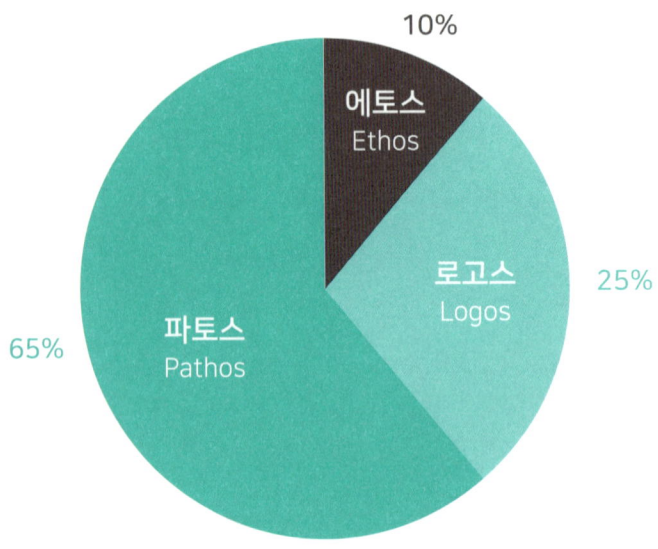

출처: 카민 갤로, <어떻게 말할 것인가>, 세상을 바꾸는 18분의 기적 TED

21세기 감성과 공감의 시대에는 파토스^(감성역량)를 배워라.

3
분모전략에서 분자전략으로의 패러다임 전환

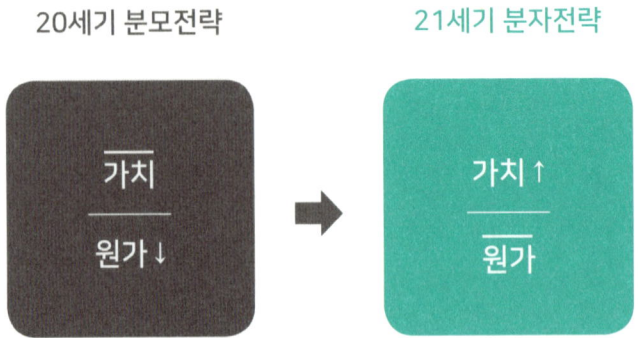

분모전략: 가치와 가격은 고정, 원가절감을 통해 이익 추구
분자전략: 원가절감보다는 가치제고를 통해 이익 추구

4
원가절감의 시대에서
가치제고의 시대로

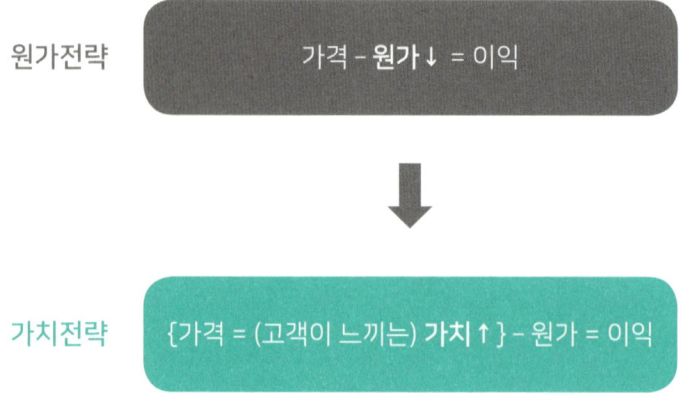

원가를 낮추어 이익을 추구하던 시대에서
가치를 높여 이익을 추구하는 시대로의 패러다임 변화

5
모든 비즈니스는 서비스다

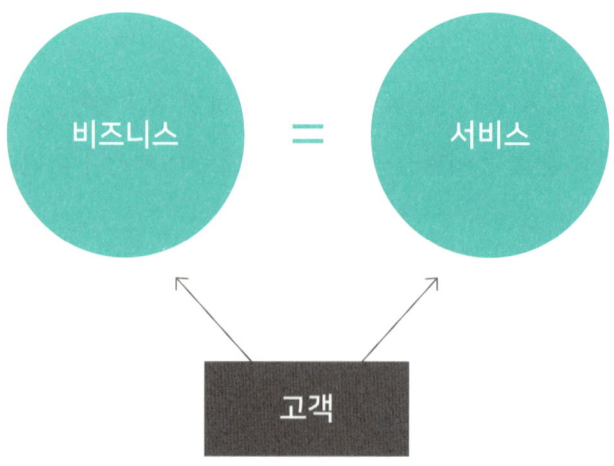

고객이 있다는 점에서,
모든 비즈니스는 서비스다.

6
여성의 시대가 오는 두 가지 이유

여성의 시대가 오는 두 가지 이유:
공감능력 & 이야기능력

1
인간에 의한 노동과
기계에 의한 노동의 비중 변화

출처: WEF, The Future of Jobs Report 2018에 기초, 수정 재작성

인간과 기계에 의한 노동의 비중 변화:
2018년 71:29 → 2030년 29:71

8
시대변화와 권위의 이동

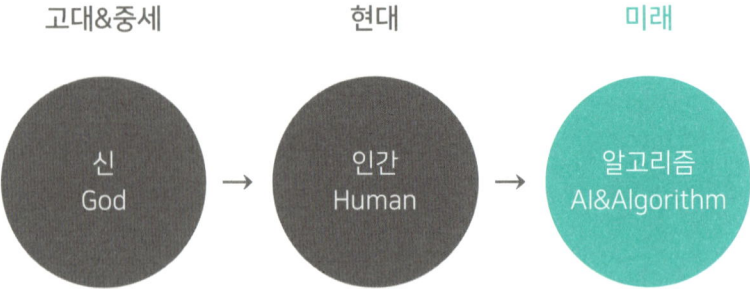

시대변화에 따른 권위의 이동:
신에서 인간으로, 인간에서 알고리즘으로

9
질문과 사색의 르네상스

지식과 정보의 시대를 지나
질문과 사색의 르네상스 시대가 오고 있다.

10
AI혁명보다 고령화혁명이 더 중요하다

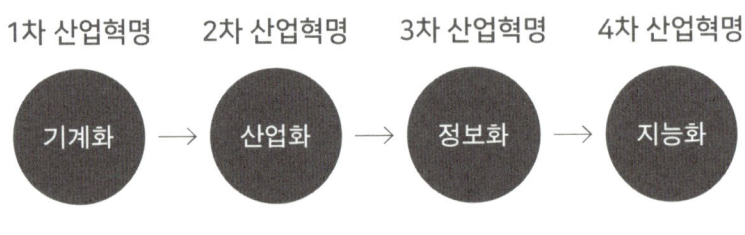

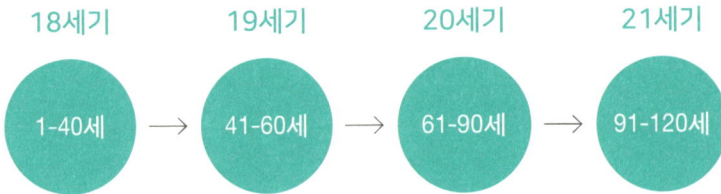

AI혁명 대응도 중요하다.
그러나 내 인생을 위해서는 고령화혁명 대응이 더 중요하다.

11
21세기의 새로운 과학, 인간과학

자연과학과 사회과학을 넘어
21세기는 인간과학의 시대다.

12
인간에 관한 각각의 과학을 넘어

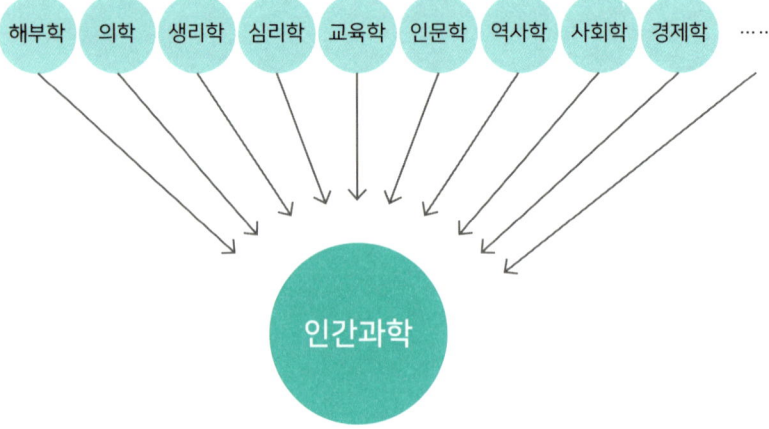

인간에 관한 각각의 과학은 인간이라는 코끼리에 대해 각기 부분적인 의견을 내놓는다.
이제 인간에 대해 인간과학이라는 종합학문이 필요할 때다.

13
과거-현재-미래의 새로운 관계

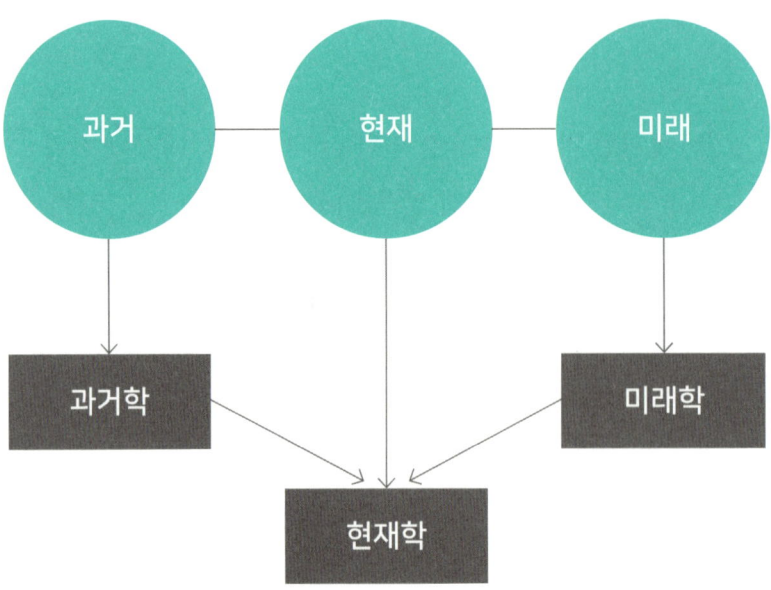

과거를 공부하는 역사학+미래를 예측하는 미래학
=현재를 만드는 현재학

제6장

미래전망

인간지능 vs 인공지능

20세기까지는 이성과 감성의 시대,
21세기부터는 인간의 이성과 감성에 인공지능 추가

2
AI시대의 새로운 경제사회활동 모델

AI시대에는 두 개의 서로 다른 경제사회활동 모델이 공존한다:
인간 주도의 전통적 경제사회활동과
AI&로봇 주도의 새로운 경제사회활동

3
AI와 고령화 시대의 새로운 사회적 자원

AI혁명은 지능형 로봇을, 고령화혁명은 50+를 새로운 사회적 자원으로 만들고 있다.

4
AI와 고령화 시대의 2대 공공서비스

인간 = 신체 + 정신

2대 공공서비스 = 의료서비스 + 교육서비스

AI와 고령화가 지배하는 21세기,
인간을 위한 2대 공공서비스는 의료와 교육

5
미래는 고령자 자립사회

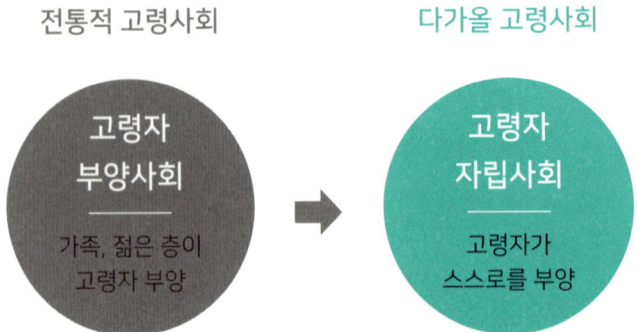

전통적 고령사회: 가족이 고령자 부양
다가올 고령사회: 고령자가 자기 스스로를 부양

6
21세기 성공의 크기는?

$$\boxed{\text{21세기 성공의 크기}} = \bigcirc\text{가치} \times \bigcirc\text{재미}$$

21세기 성공의 크기는
가치와 재미의 곱이다.

1
모든 성공하는 것들의 3요소

성공의 3요소: 이미지, 내용, 그리고 공감

공감이란 마음을 움직이는 힘

8
미래를 만드는 세 개의 뇌

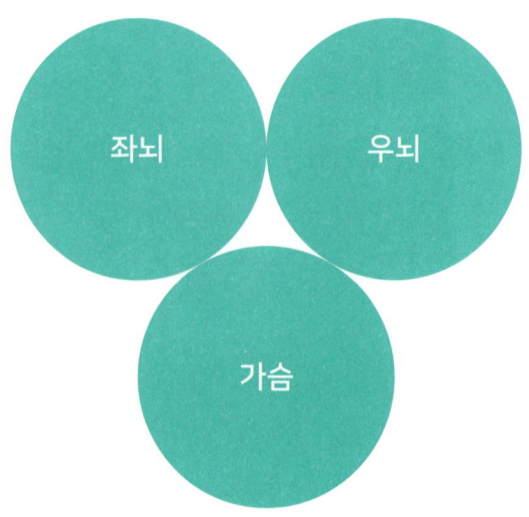

좌뇌와 우뇌를 떠받치는 제3의 뇌, 가슴!

9
표현의 역사

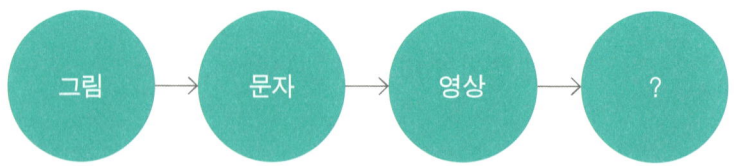

표현수단의 과거, 현재, 미래:
그림 → 문자 → 영상 → ?

10 아시아의 시대가 오는 증거

연도	1970년	1990년	2010년	2030년	2050년
아시아국가GNP / 전세계GNP합계	9%	18%	29.5%	40%	48%

출처: Economist Intelligence Unit

아시아의 시대가 온다는 것을 증명하는 5개의 수치:
전 세계 국가 GNP에서 아시아 국가 GNP가 차지하는 비중 변화

11
서양의 이웃사촌 vs 동양의 이웃사촌

서양의 이웃사촌: 영국, 독일, 프랑스
동양의 이웃사촌: 중국, 한국, 일본

12
원인과 결과의 무한 연쇄작용

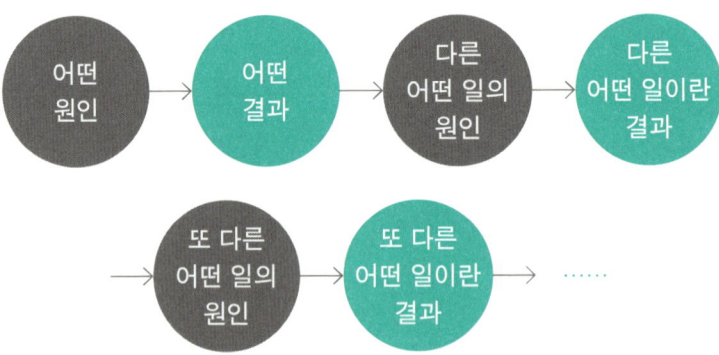

모든 일은 어떠한 원인에 의한 결과다.
이때 드러난 결과는 또 다른 일의 원인이 되기도 한다.
-아놀드 베넷, 〈시간관리법〉 중-

13
역사란?

History = His Story ∩ High Story

역사란
인류의 이야기 중 가치 있는 이야기를 간추린 것이다.

제7장

미래전략

\
미루면 일만 커진다

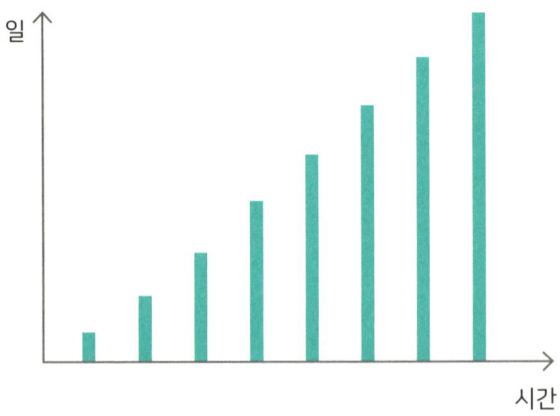

미루면 일만 커진다.

※ 일: 1, 일(work), 일(고통, ill) 등을 의미

2
연장사고 vs 원점사고

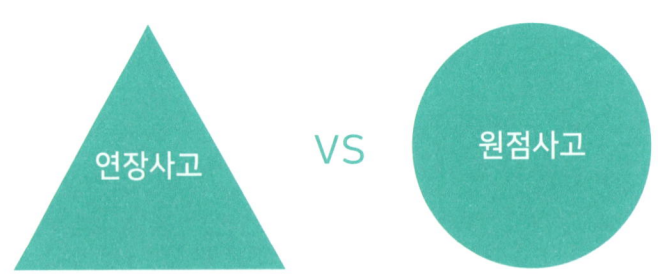

사람들은 보통 연장사고를 한다. 그러나 때로 원점사고도 필요하다.
원점에서 검토할수록 가능성은 더 커질 수 있다.

3
새로움과 오래됨의 융합

새로운 것이
사랑을 받으려면

인간의
가장 오래된 욕구에
응하는 것이어야 한다.

-폴 발레리(1871-1945), 프랑스 시인-

4
대립과 협력

모든 대립하는 것들은 협력해야 한다.

5
선택하는 두 가지 방법

아무것도 선택하지 않는 것도 선택하는 방법의 하나다.

6
양자택일과 제3의 길

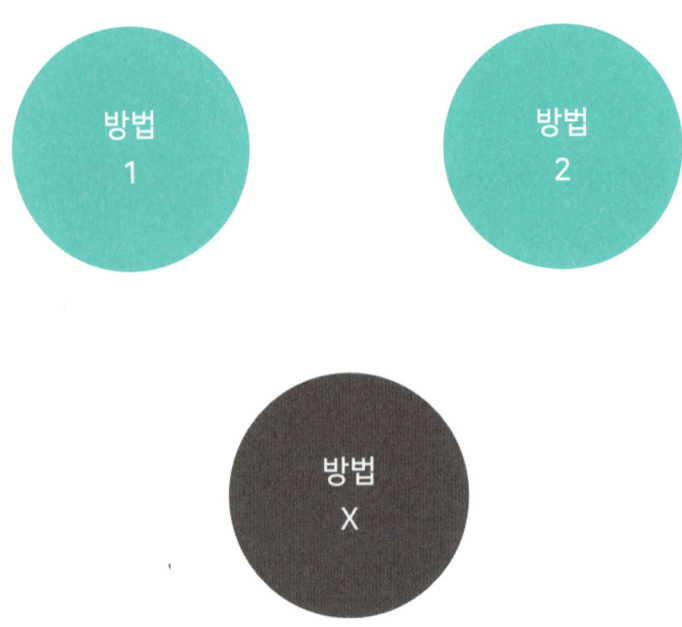

항상 또 다른 길도 있다.

1
문제에 답이 있다

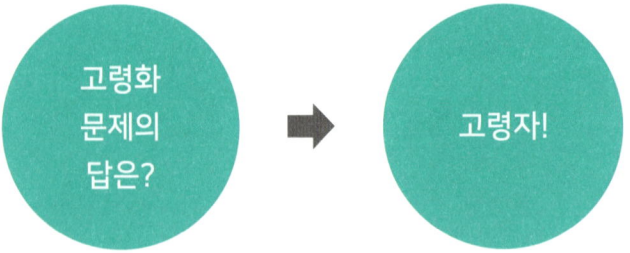

고령화 문제의 답은
고령자에 있다.

8
출구는 입구다

모든 출구는 어디론가의 입구다.

9
시작은 반 이상이다

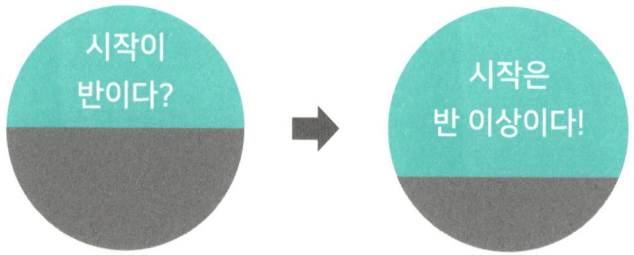

시작이 반이다?
시작은 반 이상이다.
-아리스토텔레스-

10
보이는 세계 vs 보이지 않는 세계

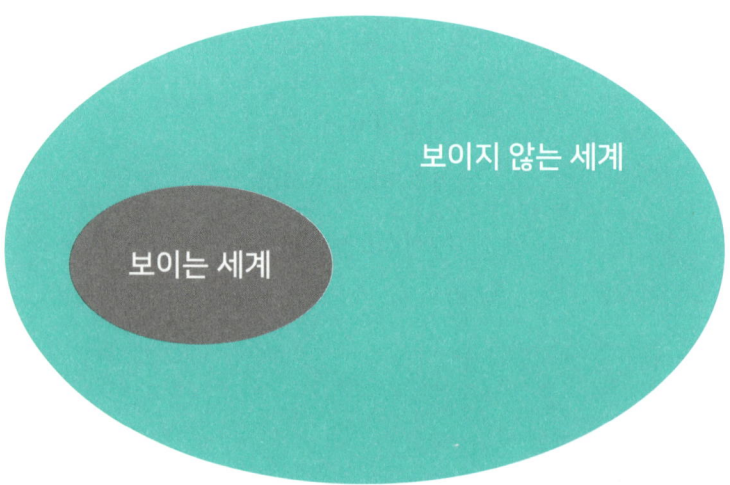

보이는 세계보다 보이지 않는 세계가 훨씬 넓다.
보이지 않는 세계 속에 블루오션이 있다.

11 BMW와 두 개의 부(富)

건강은 돈보다 귀한 또 다른 부(富)다.

12
명사형 미래와 동사형 미래

명사형 미래: 앞으로 다가올 시간

동사형 미래: 탐험하고 만들어가는 미래

13
이야기의 힘이 놀라운 간단한 이유

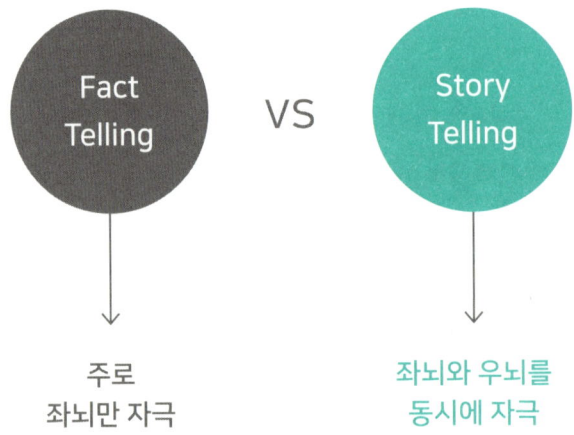

팩트 텔링=5W1H

스토리텔링=5W1H+호기심+상상력+감성+공감+기타

에필로그

그림으로 생각하는
인생디자인 미래디자인

나의 미래를 준비하는 방법은 참 다양하다. 미래 트렌드 학습하기, 다양한 역량 기르기, 좋은 습관 만들기, 스펙 쌓기, 인턴 체험하기, 독서하기, 여행하기….

경쟁이 너무도 치열해서 우리가 마음먹은 대로 미래를 준비하고 성취해나가기는 정말 어려운 것이 현실이다. 게다가 인공지능의 시대를 맞아 변화와 불확실성은 한층 더 높아지고 있다. 고령화 시대를 맞아 더 오래 살고 더 오래 일해야 한다. 한마디로 우리 인생과 미래를 준비하는 좋은 방법을 찾는 것은 점점 더 어려워지고 있다.

이 책은 나의 미래를 준비하는 데 도움이 되는 그림들을 담은 독특한 책이다. 독자들이 한 페이지에 하나씩 있는 그림들을 부담 없이 보면서 나와 인생, 나의 일과 미래를 생각해보게 하는 그림책이다. 아마도 똑같은 그림을 보더라도 독자에 따라 다른 생각, 다른 아이디어를 떠올렸을 것이다.

책에 담긴 100여 개의 그림 중 몇 개는 독자의 마음속에 오래오래 남아 미래의 바다를 헤쳐 가는 데 도움과 힘을 주는 마법의 그림이 되기를 간절히 바란다.

저자 김현곤

출간후기

더 나은 인생을 원하는 모든 분들께
이 책이 나침반과 같은 존재가 되길 희망합니다!!

권선복
도서출판 행복에너지 대표이사

이 책은 자신의 인생을 좀 더 의미 있게 설계하고 싶은 20대와 30대, 좀 더 풍요롭고 의미 있는 인생 후반부를 만들어가고 싶은 40대와 50대, 그리고 60대 이후의 고령층을 포함한 모두를 위한 인생디자인 미래디자인 그림책입니다.

한 치 앞을 내다보기 힘든 변화와 불확실성의 시대입니다. 인공지능의 확산으로 사람들의 일자리는 더욱더 위태로워지고 있습니다. 앞으로 무슨 일을 하고 살아가야 할지 걱정입니다. 생명과학과 의료기술의 발전으로 100세 시대를 넘어 120세 시대가 시작되고 있습니다. 60세가 넘어도 또 다른 60년이 기다리고 있는 전혀 새로운 시대가 펼쳐지고 있습니다.

이 책 『그림으로 생각하는 인생 디자인』은 이렇게 'AI혁명'과 '고령화혁명'이 함께 휘몰아치는 소용돌이 속에서 흔들리고 있는 우리 모두에게 국회미래연구원장 김현곤 박사가 그림을 통해 전하는 명쾌한 미래 솔루션이자 동시에 희망의 메시지라고 할 수 있습니다.

저자 김현곤 박사는 일본 츠쿠바대학교에서 경영공학박사 학위를 취득하고 한국정보화진흥원 빅데이터센터장, 한국국토정보공사(LX) 공간정보연구원장 등을 역임하며 30여 년간 IT 기술의 발전과 미래사회의 변화를 연구하고 예견해 온 미래학 전문가입니다. 지난 2017년 발간된 저서 『인생 르네상스 행복한 100세』에서는 이러한 미래학 연구를 기반으로 은퇴·고령세대가 빠르게 변화하는 미래사회에 적절하게 대처하여 행복한 삶을 영위하는 방법을 명쾌하게 제시한 바 있습니다.

책을 펼쳐드는 순간, 간단한 도형과 그림, 짧은 문장으로 이루어진 책에 놀라게 될지도 모릅니다. 하지만 이 책에 담긴 그림들은 미래 4차 산업혁명과 고령화혁명이 무엇인지, 그 거대한 변화흐름 속에서 우리가 의미 있고 행복하게 살아가기 위해 어떤 자세를 가져야 하는지에 대해 복잡한 설명 없이도 깊은 통찰력과 청사진을 우리에게 제공합니다. 변화하는 세상 속에서 무엇을 해야 할지 혼란스러운 분들을 위해 앞으로 우리가 나아가야 할 인생과 미래에 대해 명확한 가이드를 보여주는 셈입니다.

빠른 변화로 불안과 기대가 끊임없이 교차하는 새로운 시대를 맞아 독자들이 이 책 『그림으로 생각하는 인생 디자인』을 통해 망망대해 위에서 나침판을 만난 것처럼 앞으로 나아가시기를 소망합니다!

함께 보면 좋은 책들

아름다운 눈
이세혁 지음 | 값 12,000원

이 책 『아름다운 눈』은 번잡한 사회 속에서 피상적인 감정으로만 살아가는 우리들을 위해 '사랑', '이별', '삶'을 소재로 하여 언뜻 평범해 보이지만 가슴을 울리는 이야기를 들려준다. 작가 자신의 체험의 형태를 빌어 현대인의 사랑과 이별, 삶과 생각의 형태를 가장 보편적인 언어로 담아낸 책으로서 많은 이들이 위안과 공감을 얻고, 자신의 삶을 뒤돌아볼 수 있는 마음의 여유를 가질 수 있을 것이다.

인간관계가 답이다
홍석환 지음 | 값 16,000원

삼성그룹, GS칼텍스 인사기획팀, KT&G인재개발원장 등을 거치며 오랫동안 기업의 인재경영을 연구해 온 홍석환 저자는 '누구도 혼자서는 성공할 수 없다'는 말과 함께 스스로를 진정한 리더로 만들어 나가는 직장 내 인간관계의 비법을 제시한다. 이 책을 통해 독자들은 상사와 동료, 부하의 진심을 얻을 수 있는 직장생활의 전략을 이해하고 이를 기반으로 하여 직장 내에서 '진정한 성공'을 향해 나아갈 수 있을 것이다.

세계 최고령 기업의 비밀
김정진 지음 | 값 15,000원

『세계 최고령 기업의 비밀』은 노년층을 위한 평생학습기관이자 사회적 기업인 '은빛둥지'의 실화를 기반으로 하고 있는 소설이다. '잘나가는 사업가'에서 'IMF 노숙자'를 거쳐 '할아버지 컴퓨터 선생님'으로 극적인 재기를 이룬 라정우 원장과 다양한 사연을 갖고 '은빛둥지'의 일원이 된 사람들의 감동적인 꿈과 열정, 갈등과 화합을 통해 이 시대의 노년층에게 진정으로 필요한 복지가 무엇인지 생각해 볼 수 있는 계기를 제공할 것이다.

맨땅에서 시작하는 너에게

이영훈 지음 | 값 15,000원

젊은 사회적 기업가 이영훈의 자전적 에세이인 이 책은 맨땅에서 인생을 시작하는 청춘들에게 미래에 대한 희망과 충만감을 심어 주는 받침대가 되어 줄 것이다. 어린 시절 아버지가 돌아가시고 어머니는 떠나버려 동생과 함께 고아원에서 자란 과거는 언뜻 아픈 상처처럼 느껴질 수도 있다. 하지만 그럼에도 불구하고 이영훈 저자는 자신의 인생을 통해 따뜻한 마음과 활발한 개척정신을 이야기하며 우리를 도닥여 준다.

산에 가는 사람 모두 등산의 즐거움을 알까

이명우 지음 | 값 20,000원

등산 안내서라기보다는 등산을 주제로 한 인문학 에세이라고 부를 수 있는 책이다. 등산의 정의와 역사를 소개하고, 등산이 가지고 있는 매력을 소개하는 한편 등산 중 만날 수 있는 유익한 산나물과 산열매, 야생 버섯과 꽃 등에 대한 지식도 담아 인문학적 요소, 문학적 요소, 실용적 요소를 모두 갖춘 등산 종합서적이라고 할 만하다.

꽃으로 말할래요

임영희 지음 | 값 15,000원

임영희 시인의 제4시집 『꽃으로 말할래요』는 '꽃'으로 상징되는 자연의 다양성과 그 생명력, 거기에서 느낄 수 있는 근원적 아름다움에 대한 갈망을 느낄 수 있는 작품이다. 오로지 '꽃'이라는 소재를 사용한 160여 개의 작품으로 이루어져 대한민국에서 유일한 '꽃' 시집임을 자부하는 임영희 시인의 『꽃으로 말할래요』는 우리가 오랫동안 잊고 있었던 미(美)에 대한 순수한 두근거림을 전달해줄 것이다.

'행복에너지'의 해피 대한민국 프로젝트!
〈모교 책 보내기 운동〉

대한민국의 뿌리, 대한민국의 미래 **청소년·청년**들에게 **책**을 보내주세요.

많은 학교의 도서관이 가난해지고 있습니다. 그만큼 많은 학생들의 마음 또한 가난해지고 있습니다. 학교 도서관에는 색이 바래고 찢어진 책들이 나뒹굽니다. 더럽고 먼지만 앉은 책을 과연 누가 읽고 싶어 할까요? 게임과 스마트폰에 중독된 초·중고생들. 입시의 문턱 앞에서 문제집에만 매달리는 고등학생들. 험난한 취업 준비에 책 읽을 시간조차 없는 대학생들. 아무런 꿈도 없이 정해진 길을 따라서만 가는 젊은이들이 과연 대한민국을 이끌 수 있을까요?

한 권의 책은 한 사람의 인생을 바꾸는 힘을 가지고 있습니다. 한 사람의 인생이 바뀌면 한 나라의 국운이 바뀝니다. **저희 행복에너지에서는 베스트셀러와 각종 기관에서 우수도서로 선정된 도서를 중심으로 〈모교 책 보내기 운동〉을 펼치고 있습니다.** 대한민국의 미래, 젊은이들에게 좋은 책을 보내주십시오. 독자 여러분의 자랑스러운 모교에 보내진 한 권의 책은 더 크게 성장할 대한민국의 발판이 될 것입니다.

도서출판 행복에너지를 성원해주시는 독자 여러분의 많은 관심과 참여 부탁드리겠습니다.

도서출판 **행복에너지** 임직원 일동

Happy Energy books

좋은 원고나 출판 기획이 있으신 분은 언제든지 행복에너지의 문을 두드려 주시기 바랍니다.
ksbdata@hanmail.net   www.happybook.or.kr   단체구입문의 ☎ 010-3267-6277

하루 5분 나를 바꾸는 긍정훈련
행복에너지

'긍정훈련'당신의 삶을
행복으로 인도할
최고의, 최후의'멘토'

'행복에너지
권선복 대표이사'가 전하는
행복과 긍정의 에너지,
그 삶의 이야기!

인터파크
자기계발 분야 주간
베스트 1위

권선복 지음 | 15,000원

권선복

도서출판 행복에너지 대표
지에스데이타(주) 대표이사
대통령직속 지역발전위원회
문화복지 전문위원
새마을문고 서울시 강서구 회장
전) 팔팔컴퓨터 전산학원장
전) 강서구의회(도시건설위원장)
아주대학교 공공정책대학원 졸업
충남 논산 출생

책 『하루 5분, 나를 바꾸는 긍정훈련 - 행복에너지』는 '긍정훈련' 과정을 통해 삶을 업그레이드하고 행복을 찾아 나설 것을 독자에게 독려한다.
긍정훈련 과정은[예행연습] [워밍업] [실전] [강화] [숨고르기] [마무리] 등 총 6단계로 나뉘어 각 단계별 사례를 바탕으로 독자 스스로가 느끼고 배운 것을 직접 실천할 수 있게 하는 데 그 목적을 두고 있다.
그동안 우리가 숱하게 '긍정하는 방법'에 대해 배워왔으면서도 정작 삶에 적용시키지 못했던 것은, 머리로만 이해하고 실천으로는 옮기지 않았기 때문이다. 이제 삶을 행복하고 아름답게 가꿀 긍정과의 여정, 그 시작을 책과 함께해 보자.

『하루 5분, 나를 바꾸는 긍정훈련 - 행복에너지』

"좋은 책을 만들어드립니다"

저자의 의도 최대한 반영 !
전문 인력의 축적된 노하우를 통한 제작 !
다양한 마케팅 및 광고 지원 !

최초 기획부터 출간에 이르기까지, 보도자료 배포부터 판매 유통까지! 확실히 책임져 드리고 있습니다. 좋은 원고나 기획이 있으신 분, 블로그나 카페에 좋은 글이 있는 분들은 언제든지 도서출판 행복에너지의 문을 두드려 주십시오! 좋은 책을 만들어 드리겠습니다.

출간도서종류
시·수필·소설·자기계발·일반실용서·인문교양서·평전·칼럼·여행기·회고록·교본·경제·경영 출판

도서출판 **행복에너지**
www.happybook.or.kr
☎ 010-3267-6277
e-mail. ksbdata@daum.net